AF495367

J'en avais assez de sa conversation. Je le quittai; il me dit d'un air mystérieux qu'il me parlait de tout cela à moi, à ces dames de l'autre jour encore, parce qu'il nous avait reconnus; mais qu'au besoin il savait être plus réservé, et qu'il parlait avec mystère quand il le fallait; puis il me congédia, me donna ses ordres pour madame Louise, pour la cour, pour tout Versailles, et nous nous séparâmes les meilleurs amis du monde.

La chose qui m'a frappé le plus dans sa conversation, ce sont ces mots de *papa* et de *maman*, employés par un homme de quarante ans. Si l'on rapproche cela de sa longue chevelure, nul doute qu'il ne se croie enfant ou à peine adolescent. Son imagination se sera fait un type sur les histoires et sur les portraits du dauphin; il en sera resté là.

Cela me rappelle un vieillard de soixante-dix ans, à la barbe blanche, dont M. Fouquier me parlait; il s'habillait en femme, autant du moins qu'il le pouvait, et se croyait telle. Il se promenait dans les cours de Bicêtre avec une démarche modeste, regardant toutefois à droite et à gauche pour recueillir les regards. Tous ceux qui l'approchaient étaient pour lui autant de soupirans et de prétendans à sa main; il recevait leurs hommages avec une grâce mêlée de coquetterie, et il s'en enivrait. On pouvait tomber sur une moins agréable folie.

Eus. Corbin, D. M.

DE LA FIN PROCHAINE

Du genre humain.

On parle beaucoup de l'amélioration de l'espèce humaine et de sa destinée progressionnelle; on ne parle jamais de sa fin. C'est une erreur qui caractérise singulièrement la vanité de l'homme, que de croire la race d'Adam immortelle au milieu de tout ce qui meurt, et d'imaginer que le principe de destruction qui mine les soleils ménagera respectueusement l'organisation du triste quadrupède vertical auquel appartient maintenant l'empire du monde. Si on vient vous parler en philosophe ou en théologien de la dernière catastrophe du globe, voilà tout à coup la catastrophe des dernières familles qui se figure à votre pensée; des peuples luttant contre l'invasion d'un déluge ou d'un incendie; des femmes qui gémissent en emportant leurs nouveau-nés dans leurs bras; des vieillards qui reprochent à l'univers son empressement à mourir, parce qu'ils avaient, eux, quelques jours à vivre encore. J'aime à croire, si notre planète vit âge de planète, que cela ne sera pas si tragique, au moins pour notre noble race d'anthropomorphes, dont la durée générique est loin d'être essentiellement mesurée sur celle d'une sphère minérale de neuf mille lieues de circonférence.

A moins d'accident, car les planètes n'en sont pas exemptes, il y aura long-temps alors que des espèces nouvelles s'amuseront à recomposer de débris fossiles le squelette de l'homme, et à lui chercher une place convenable à côté de ceux du singe et de la chauve-souris. C'est la marche de la nature; il n'y a rien à y faire.

Je me souviens peu de ce que je savais de philosophie physique et d'histoire naturelle quand je croyais savoir quelque chose; mais il me semble qu'il y a des principes si rationnels dans les sciences de faits qu'on peut mettre les académies au défi d'y rien changer. Ceux-là sont tels que vous avez le droit de les convertir en axiomes, et de leur imprimer le même sceau d'infaillibilité qu'a une addition de deux chiffres exactement faite. J'en rapporterai quelques-unes pour prouver à quel point cette proposition est naïve; j'ai peur qu'elle ne le soit trop.

Et d'abord les corps les plus simplement organisés sont les plus durables.

Et secondement les premières combinaisons élémentaires qui aient produit l'être ont été les plus simples.

Et troisièmement, à mesure que les élaborations permanentes de l'agent créateur se compliquent, elles perdent en vitalité ce qu'elles gagnent en perfection.

Et voilà pourquoi les huîtres de Lucrin, si estimées d'Apicius, seront probablement belles encore, et vermeilles, et succulentes, quand elles n'auront plus à redouter depuis des siècles, dans la race d'Apicius, le plus insatiable des animaux ostréophages.

Et voilà pourquoi les algues de la mer verront finir des générations de coquillages ; et les rochers qu'elles embrassent des générations de plantes marines ; et le monde ses rochers dissous; et le tourbillon ses mondes; et l'infini ses tourbillons.

Tout passe du simple au composé en s'enrichissant graduellement de nouvelles acquisitions organiques, et tout retourne du composé au simple pour lui rendre ses élémens.

Ainsi une existence complète c'est une existence qui commence à mourir.

Les développemens d'une existence complète ont cependant des

limites inconnues devant lesquelles ils reculent tout à coup comme
la sève du chêne ou le vol du condor ; et ce qui est vrai des individus après soixante siècles d'observation est également vrai
des espèces. Au moins faut-il convenir que cette induction est
universellement reçue, car il n'y a point d'autre preuve de la
mort.

Autrement, si l'on admettait la perfectibilité indéfinie des espèces, qui n'est qu'une théorie, et que l'on ne contestât pas la
décadence indéfinie des espèces, qui est un fait, ce serait l'huître
qui finirait par manger Apicius.

Il n'y a qu'un moyen de défendre le système de la perfectibilité
humaine ; c'est de faire intervenir au dénouement de la discussion
la machine tragique des Grecs, un dieu. Alors le paradoxe change
de nom, il devient dogme, et je ne m'en mêle plus. Vous en savez plus que la science, et je ne suis pas même savant.

Sous l'aspect philosophique et scientifique de la question, et je
ne vois pas sous quel autre aspect on oserait la considérer aujour-
d'hui, elle va se réduire presque à rien :

Les espèces finissent ; donc l'espèce *homme* doit finir.

Elles finissent après avoir accompli les conditions possibles de
leur développement ; reste-t-il à l'homme des conditions possibles
de développement à remplir ?

S'il ne lui en reste plus, quelles sont les marques de sa décadence, et à quel âge en est-il arrivé ? Voilà ce que je voudrais
éclaircir en m'affranchissant de ce fatras technique des méthodes
où l'on retombe toujours malgré soi quand on a eu le malheur de
lire. Si l'on m'y reprend quelquefois, ce n'est pas ma faute, car
je me débats contre lui avec plus d'horreur que la pythonisse
contre les énigmes de son démon. C'est que les logogriphes de ce
temps-là étaient des jeux d'enfans au prix de ce qu'on appelle des
vérités dans le nôtre !

D'après ce que j'ai dit (et je n'exclus pas ici la puissance d'un
esprit créateur, comme on voudra le nommer, car il n'aurait pas
fait autrement), surgirent l'un après l'autre, du chaos ou de la
matière confuse, les cieux, la terre et les eaux ; puis les herbes

qui vêtirent le monde; puis des habitans dans ces eaux, des animaux à cette terre, et par-dessus tout l'homme.

Cette cosmogonie n'est pas difficile à trouver, me dira-t-on; elle est dans la *Genèse*.

Elle est encore ailleurs heureusement; elle est dans les découvertes des sciences, qui n'ont pas eu le bonheur qu'enviait Alphonse de Portugal. Elles ne sont pas parvenues à faire leur univers avec plus de bon sens et d'habileté que Dieu. Je vous donne ce système à votre choix, au nom de Moïse et de la révélation, ou au nom de M. Cuvier et de la géologie.

Il est vrai que tout ceci s'accomplit en six jours dans la *Genèse*, et cela n'est pas trop philosophique, au calcul de l'Observatoire; mais qui sait à quel astre inconnu le Dieu de Moïse, blanchissant le firmament de cette poussière dont il l'a semé, daignait mesurer les jours de sa création? Ce soleil des soleils, ce flambeau inextinguible de l'espace, dont rien n'indique ni l'orient ni l'occident, dont aucune créature n'a salué ni l'aube ni le crépuscule; ce luminaire de l'éternité dont le cours embrasse à jamais un cercle qui n'a ni centre ni circonférence, l'avez-vous vu?

Quoi qu'il en soit, en laissant de côté tout ce qui n'est que fables aux yeux de l'incrédule, et qu'hypothèses aux yeux de l'ignorant, voici l'homme, résultat culminant d'une œuvre de Providence ou de hasard; l'homme soumis à toutes les vicissitudes du temps, qui altère, qui détruit, qui décompose tout; et condamné à les subir avec plus de promptitude et d'intensité en raison même de la complication de ses organes et du pouvoir de son intelligence; l'homme presque aussi vital que les anges, et moins vivace que les reptiles. C'est la condition essentielle de sa supériorité.

A lui finit l'échelle ascendante de l'organisation animale; il ne lui reste plus qu'à descendre vers la mort.

La religion seule a le droit de supposer qu'il était réservé à une autre destination; elle l'a fait, mais en reconnaissant qu'il l'avait perdue, tant se manifestaient déjà sensiblement les progrès de sa dégénération inévitable, au temps des premières religions écrites!

Ainsi aux yeux du chrétien comme aux yeux du philosophe, l'espèce est appelée à mourir de mort; car ce n'est pas au père des hommes lui seul que s'est adressée cette terrible et profonde révélation de Dieu; ce n'est pas seulement à chacun de ses descendans pris dans son individualité mortelle : c'est à tout le genre humain, qui doit aussi mourir un jour comme un seul homme.

Ce phénomène de la destruction des êtres au bout d'un certain période n'était plus un nouveau mystère, selon toute apparence, dès le sixième des grands jours de la création. La terre avait dû voir se renouveler plusieurs fois et les animaux qui la parcourent, et les plantes qui la décorent. La demeure de l'homme naissant était le tombeau d'une multitude d'existences qu'Adam ne put nommer dans le Paradis terrestre, parce qu'elles avaient cessé d'être avant qu'il fût. Sous ses pieds gisaient, réunies à l'*humus* reproducteur, ces immenses forêts de juncacées gigantesques, et restituées en fossiles à la forme minérale de la matière, ces familles de sauriens incommensurables qui livrent encore aujourd'hui à l'investigation du savant les vestiges authentiques de plusieurs créations successivement rendues au foyer des créations éternelles.

Parmi les belles pages du *Génie du christianisme* il y en a d'admirables, où M. de Châteaubriand revêt des brillantes couleurs de sa palette le tableau de la nature génésienne, déjà riche des solennelles magnificences d'une nature antérieure. Si un géologue avait à se placer aujourd'hui dans la même hypothèse, il en dirait les mêmes choses, au talent près. Ce n'est pas que ce poète ait cherché avec beaucoup de soin ce qu'il y avait de philosophique et de vrai dans son anachronisme volontaire; c'est que tout ce qu'il y a de philosophie et de vérité sur la terre appartient aux inspirations du poète.

Les premières générations d'hommes, qui duraient long-temps et qui avaient des loisirs pour observer, parce que la terre n'était pas encore une arène—c'était toujours un spectacle— ne tardèrent pas sans doute à reconnaître, sous l'œuvre annuelle des reproductions, le travail sourd et permanent de la destruction, qui modifie, oblitère, transforme tout, et puis fait tout disparaître à son jour. Elles n'ignoraient peut-être pas que les oiseaux avaient broyé les fruits sous des dents aiguës ; que les serpens s'étaient tracé un chemin sur le sable avec des pieds agiles ; qu'au temps de leurs pères de noires volées d'autruches couvraient quelquefois le désert de l'ombre de leurs ailes. Une tradition perpétuée d'âge en âge, et qui subsiste encore dans leurs livres sacrés, entretenait chez eux le souvenir du béhémot et du léviathan, ces colosses du monde vivant, et celui du griffon au bec et au vol d'aigle, qui avait quatre pieds de lion. Dans la race même de l'homme, elles purent déjà observer une déclivité menaçante. Ce ne furent bientôt plus ces géans millénaires dont il est question dans toutes les histoires, et dont tant de monumens presque indestructibles attestent la puissance. Leur mission d'ascendant et de conquête s'était accomplie en peu de temps, soit qu'il entre dans l'essence des espèces jeunes d'épuiser rapidement, en luxe inutile, le feu surabondant qui les vivifie, soit qu'il ait convenu à Dieu de hâter sous les regards de sa seule créature raisonnante les scènes qui pouvaient lui faire comprendre le secret de son organisation et de sa décadence. Il est probable qu'il ne fut pas question alors de la perfectibilité indéfinie de la race humaine. Ce ridicule était réservé à des nains de cinq pieds entassés dans des cloaques odieux pour souffrir et pour mourir, et qui expirent tout caducs, à soixante ans, dans une atmosphère de sang et de boue, sur la page où ils délaient dans quelques gouttes d'encre ce dernier mensonge de la vanité.

Il n'y a plus de sophismes dans tout cela ; car, à force de nous rapprocher de la matière et d'y chercher notre origine, nous y avons trouvé du moins les ruines de ce qui était avant nous. Il n'y a point de dendrite qui ne conserve l'empreinte d'une plante inconnue. Vous verrez des fleurs enchâssées dans le cristal laiteux de l'agathe, comme le bouquet merveilleux de la fiancée d'un génie. Cet ambre, aussi pur et aussi transparent que la topaze, s'est durci sur un insecte que Dejean ne pourrait nommer ; ce fragment de marbre que vous touchez n'enrichira jamais les métopes de vos monumens adulateurs ; c'est le tombeau d'un batracien ignoré dont la renommée se fait jour pour la première fois sous le ciseau du statuaire. Ce sable que vous roulez sous vos pieds et qui étincelle de reflets de nacre, ce sont les débris d'un nautile qui n'est plus ; celui-là qui se maintient en disques solides et dorés, parce qu'il s'est revêtu, comme les courtisans habiles qui savent survivre aux révolutions, de la couche la plus solide des métaux, c'est un ammonite dont l'espèce est perdue.

Et puis cherchez ce qui adviendra de l'espèce humaine tout entière : un sable à rouler sous les pieds !...

Pour établir un fait aussi absolu, aussi important, aussi essentiel que la perfectibilité, ce serait bien le moins que de pouvoir l'appuyer de quelques faits. Ici toutes les inductions tirées des faits, je n'en excepte pas une, sont en opposition avec le principe. Si l'homme tendait à la perfectibilité par l'état de civilisation, les civilisations très-avancées se reconnaîtraient à des avantages extérieurs très-prononcés de conformation, de vigueur, de vitalité ; et c'est précisément le contraire. Voyez ce qu'étaient la race d'hommes dont Nestor conservait le souvenir, et les Latins de Turnus, et les Écossais de Wallace, auprès de ce troupeau d'animaux dégradés que la civilisation a soumis ! Ce qui reste même aujourd'hui de plus propre à retracer imparfaitement le type de l'espèce adulte, irez-vous le chercher dans ces grandes étables d'hommes grêles, lurides, contrefaits, cadavéreux, que vous appelez des villes ? Il faudra vous en informer dans les anneaux les plus cachés des chaînes alpines du vieux monde, et surtout il faudra vous dépêcher, car la civilisation y est peut-être.

On n'oserait pas soutenir, puisque le monde fossile ne l'a pas encore prouvé, qu'un certain nombre d'espèces du genre *homme* ont déjà disparu ; et je suis cependant bien convaincu qu'il le prouvera, quand la géologie, sortie de nos carrières, pourra porter la sonde aux plateaux du Thibet ou aux vallées du Caucase. Je ne doute pas plus de l'existence de l'ancienne espèce titanique et de l'ancienne cyclopéenne que de celle de la harpie si bien décrite par les poètes avec sa face humaine, ses mamelles de femme, ses ailes membraneuses, et ses quatre mains aux longs doigts, qu'il aurait suffi à Linné de les copier pour la placer méthodiquement à la tête des *vespertilions*.

Sans recourir à des conjectures inutiles, qui sont toutefois bien moins conjecturales que celles de la perfectibilité, ne voit-on nulle part des espèces du genre *homme* qui commencent à finir, et que la première révolution du globe ou de la société qui les disséminera dans les déserts du continent, ou dans les îles de l'Océan, conduira, de transformations en transformations, à l'état de brute, et de l'état de brute à la mort? Ce qu'il y a de curieux, c'est qu'au premier rang de ce convoi funèbre du genre humain marche la civilisation la plus ancienne et la plus perfectionnée de tous les siècles, celle de la Chine.

Mais ne voit-on nulle part des sociétés encore plus avancées dans leur décadence, et où le type de l'homme s'efface presque sous nos yeux, comme pour ne pas nous laisser de doute sur la tendance dégénérescente de sa race? N'a-t-elle encore atteint sur aucun point du globe cet âge de décrépitude et de dégradation qui annonce l'extinction prochaine du principe de la vie dans les espèces comme dans les individus? Qu'est-ce donc que ces tribus éparses de sauvages, empreintes dans un ordre si graduel et si régulier de tous les symptômes de la dissolution, sinon le débris plus ou moins récent d'une civilisation passée? Il n'y a du moins qu'un défaut absolu de philosophie qui puisse y faire voir autre chose. Partout où restent les artifices de la plus simple grammaire, les superstitions de la plus vaine religion, la fiction du pouvoir absolu et le goût d'un luxe barbare, il y eut une société qui rêva autrefois, comme la nôtre, l'avenir sans bornes, et la perfectibilité peut-être, à la veille de sa chute éternelle. Ces habitans de l'île de Pâques, qui boivent l'eau de la mer comme l'anthropophage fantastique de Victor Hugo, n'ont-ils pas des monumens médiaires entre la pierre informe de Carnac et les ruines sacriléges de Babel? Ce peuple aussi est une ruine, et il disparaîtra de la terre avant les colosses qu'un art inconnu éleva jadis sur ses rivages à la mémoire des dieux ou des rois. Demandez aux voyageurs qui ont parcouru les archipels atlantiques ce que sont devenues ces colonies des civilisations primitives? Ils en ont remarqué où la population avait décru de moitié entre deux expéditions; d'autres où l'on ne comptait plus qu'un petit nombre d'enfans malsains rampans sur les rochers comme le reptile hideux auquel ils disputaient leur nourriture. Il y a tel de ces tombeaux de la famille humaine où le naturaliste est déjà tenté de lui donner un autre nom. L'être infortuné au front duquel Dieu répandit autrefois son souffle créateur y a perdu le secret du mécanisme de la parole, et n'exprime plus les deux ou trois pensées qui composent tout le répertoire de son ame, que par des sibilations confuses comme celles du pongo. Il naît caduc et vit trente ans. Quelques générations encore, et vous trouverez là le système de la perfectibilité résolu sur une couche de squelettes dont aucune main vivante n'aura pu creuser le tombeau.

Que dis-je! c'est vous forcer à chercher trop loin la démonstration trop vulgaire de la seule vérité qu'il ait été donné à l'homme de saisir, la preuve de la dégénération et de la mort des espèces, pour l'appliquer à la vôtre. Ne parcourons pas le monde sur sa surface; gravissons-le sur les sommités qui le hérissent, et il va nous apprendre la même chose. Vous ne ferez peut-être pas cent lieues sans arriver au pied d'une de ces montagnes qui ont sur toutes les formes passées de la société humaine un privilége incontestable d'antériorité. A la cime est le *dolmen,* ou la pierre énorme, soulevée sur d'énormes appuis, sans grues, sans leviers et sans cabestans; un peu plus bas, voici la forteresse, plantée comme une aire d'aigle entre le ciel et la terre; et si vous remuez les rocs fracassés qui servaient de base à son donjon, voici les armures de fer qui paraient le guerrier dans un jour de bataille, et que les bras les plus robustes n'ébranlent plus sans effort. A ce revers inférieur blanchit sous son humble toit le chalet du pasteur. Vous l'en verrez sortir à la suite du troupeau, nain pour le titan du sommet, nain pour le despote cuirassé du château, géant pour vous, et près lui son voisin, le chasseur de chamois bondira de précipice en précipice, agile et téméraire comme sa proie.

Descendez un peu. Cette fumée est celle d'une ville dont vous entendez bruire les habitans, partagés entre deux soins qui absorbent toute leur vie, celui de gagner de l'or et celui de perdre du temps. Ne vous arrêtez pas à leurs formes efféminées, à leur égrotante pâleur, au glas multiplié des cloches paroissiales qui annoncent que l'on meurt vite dans ces jolies maisons badigeonnées de vert, et toutes bordées en terrasses de roses. Entrez dans la vallée, et arrêtez-vous un peu.

Ce monstre que vous voyez là, c'est un homme; il a encore quelque chose de l'homme. Cet œil louche et terne qui regarde sans voir, entre deux paupières gonflées, chauves et sanglantes, c'est un œil d'homme; ces lèvres épaisses, torses, écumeuses, c'est une bouche d'homme; ce balbutiement discord ou éclatant par saccades quelquefois rauques et désordonnées, c'est une parole d'homme; l'homme que vous voyez, c'est le crétin qui ne se reproduit que rarement, mais que reproduisent tous les jours ses congénères de la vallée, de la ville et de la montagne.

Vous n'avez fait qu'une demi-lieue, et vous avez embrassé dans une famille très-circonscrite de la race humaine l'histoire complète de son commencement et de sa fin; ceux de là-haut sont finis et ceux-ci vont finir.

Vous savez tout cela mieux que moi; ce qui vous trompe, c'est ce prestige de la civilisation vivante dans lequel vous avez rêvé de durables élémens d'existence et de conservation. Je comprends qu'un masque bien fait peut prêter la physionomie de la vie à un cadavre. Ouvrez l'étui, et je vous réponds qu'il n'y a dedans qu'une momie. J'ai vu des vieillards coquets qui s'endormaient après avoir pris la mesure d'un habit de bal, et qui se réveilleront dans un suaire, s'ils se réveillent.

Il y a quelque chose d'artificiel dans les vieilles sociétés, comme dans la végétation des vieilles forêts, qui ne déçoit que les mauvais observateurs. Quand une société tend à se dissoudre, vous voyez s'implanter sur elle une multitude d'intérêts âpres à s'emparer de sa substance, comme des lichens avares et des guis parasites sur un arbre qui ne vit que par son écorce; de loin vous avez foi à cette verdure d'emprunt; mais vous n'êtes pas au pied du tronc calciné que vous vous apercevez qu'il est mort.

C'est qu'il n'y a rien de commun entre le perfectionnement apparent de la forme sociale et la vitalité de l'espèce, ou plutôt c'est qu'il n'y a rien de plus contradictoire. A force de vivre, on peut tirer quelque parti de l'expérience de la vie; on peut raffiner quelques-unes de ses jouissances, à mesure que leur nombre s'appauvrit; on peut goûter avec une économie mieux entendue quelques restes de jours qui s'échappent; mais il n'y a point d'homme assez insensé pour imaginer que ce triste bénéfice de l'âge doive reculer les bornes de sa vie naturelle, à travers une succession inépuisable de voluptés toujours nouvelles qui lui étaient inconnues au temps même de sa force. L'erreur dont je parle est celle de la société qui a réellement appris quelque chose en quelques siècles, mais qui n'a pas encore appris qu'elle n'était que l'expression d'une individualité mortelle dont le terme n'est pas éloigné. Ainsi la civilisation elle-même, au point où elle est parvenue, est plus forte que tous mes argumens contre la perfectibilité indéfinie de l'espèce; et on aura beau s'écrier avec un superbe dédain que je ne vois pas cette civilisation qui marche; hélas! je la vois marcher et courir comme vous! La seule différence qu'il y a entre vous et moi, c'est que je vois où elle va.

Les Chinois, dont la forme sociale est la seule qui se conserve sans modification, de mémoire historique, probablement parce qu'il n'y en a point de plus parfaitement assortie aux besoins de l'homme civilisé; les Chinois, qui ne remettent pas tous les ans leur destinée au hasard d'un nouvel essai, et qui n'ont aucune idée de ce mieux futur des peuples auquel nous aspirons avec une pertinacité qu'aucune déception ne décourage, ont trouvé moyen de se dédommager de leur inertie politique, en usant sur les œuvres de la création l'activité de ce principe révolutionnaire dont toutes les nations sont tourmentées à leur décadence, et qui peut être regardé comme l'effrayant symptôme de leur année climatérique. Ils se vengent, aux dépens de l'organisation naturelle des êtres, de leur impuissance à troubler l'organisation intelligente des états. On sait leur habileté à déprimer la tête humaine, à briser les pieds délicats de la femme dans des ceps qui changent leur gracieuse élégance en difformité, à croiser les races d'animaux par des alliances monstrueuses dont les résultats heureusement inféconds paraissent destinés à peupler une ménagerie fantastique. Leur déplorable instinct n'obtient pas des succès moins funestes dans l'altération des plantes. Ils parviennent à emprisonner la sève des végétaux les plus vivaces dans des canaux abortifs, à étouffer leur développement, et à réduire les géans des bois aux proportions des moindres arbustes; forêts pygmées dont les insectes seuls de la terre ont droit d'obtenir quelque abri contre l'orage. — Eh bien! si ces arbres, sottement embellis par un caprice barbare, venaient à s'animer tout à coup de la faconde oratoire et de l'inspiration prophétique des chênes de Dodone, que diriez-vous de les entendre se complaire dans leur honteuse stature, insulter du haut de leur petit orgueil à la tige robuste et colossale qui avait nourri leur germe pour épaissir le front des bois avant qu'une main sacrilége s'en saisît pour le dégrader, et promettre à leurs rejetons, rois futurs des montagnes, des rameaux puissans contre la tempête et de perpétuels ombrages? — Prenez-y garde, Européens du dix-neuvième siècle. Cette fable est votre histoire; ce sont là des chênes civilisés.

Je disais tout à l'heure que la société avait appris quelque chose, et je me hâte d'expliquer cette concession trop obligeante pour elle, afin qu'on ne lui donne pas une fausse latitude. La société n'a pas appris pendant quelques milliers d'années une idée essentielle. Elle ne sait pas une vérité morale qui n'ait été vulgaire au temps de Job; elle n'a pas contemplé la nature sous un seul point de vue, elle n'a pas pénétré un seul mystère de l'ame, qui aient été célés à Homère. Elle n'est ni plus philosophe que Pythagore ni plus poète qu'Alcée. Ses légistes n'ont pas plus détrôné Solon que ses médecins Hippocrate. Les arts des anciens seront à jamais l'objet de ses imitations et celui de son désespoir. Les travaux les plus vulgaires de la force et de l'industrie, que l'expérience éclairée par une longue pratique devrait aisément perfectionner de génération en génération, n'ont fait eux-mêmes que des progrès partiels, et la compensation qu'on essaierait d'établir entre ce qu'ils ont perdu et ce qu'ils ont gagné ne serait pas de nature à flatter notre orgueil. Voilà où en sont, jusqu'à nouvel ordre, les affaires de la perfectibilité depuis la fondation de Babylone jusqu'à la destruction de l'archevêché de Paris. C'est un bilan de faits et de siècles qui parle plus haut que les théories.

Pour réduire les conquêtes de la société à leur véritable expression, convenons qu'elle a appris à jouir. Pendant qu'elle parlait fièrement de sa destination future, un instinct secret mais universel et manifeste lui a révélé qu'elle n'en avait plus. Fixée au présent par l'égoïsme, qui est le seul véhicule des existences transitoires, elle cherche à se rattacher à l'avenir par la vanité, qui est la seule indemnité des grandes déceptions. Quant au passé, il est assez naturel qu'elle le répudie et qu'elle se sente dépourvue de toute sympathie pour lui, elle qui ne sera jamais le passé pour une société nouvelle. De ce phénomène de position qui n'avait pu se présenter jusqu'à nous résultent deux faits politiques également nouveaux, également caractéristiques, également propres à notre époque : la notabilité de l'or et l'ascendant social de la jeunesse. Aucune histoire n'en offrirait un autre exemple; il n'y a rien de plus conséquent dans la nôtre. Les peuples destitués de leur fin morale ont besoin de se réfugier tout entiers dans le foyer de la vie, et d'honorer d'une espèce de culte le signe des jouissances passagères qui leur adoucissent quelques jours encore la perspective de son terme inévitable. Héritiers en viager d'une succession qui ne sera pas recueillie après eux, ils ont placé la civilisation à fonds perdu; et sans cette science intime de notre dissolution prochaine dont le monde est pénétré, qui eût enseigné aux jeunes gens de la génération actuelle qu'elle aurait à peine besoin pour elle-même du respect que tous les siècles ont porté aux vieillards?

Ce ne sont plus les dieux qui s'en vont, comme au temps de Constance et de Galère, ce sont les hommes : société, l'ame des sociétés s'est retirée d'eux avec les institutions et les croyances; espèce, leur dégradation rapide hâtée par l'impur levain des pas-

sions, des vices et des infirmités inséparables d'une civilisation
excessive, n'a plus besoin que de quelques années de barbarie
pour les faire descendre au-dessous de l'albinos. Et ne demandez
pas quand la barbarie commencera. Une révolution, une guerre,
une invasion, vous répondrait peut-être pour moi. Le premier toc-
sin qui grondera d'un bout de l'Europe à l'autre sur cette foule
sans simultanéité, sans affections, sans lois et sans Dieu, peut la
convoquer pour la mort. Laissez-la se presser d'exister un moment
encore, dévorer impatiemment ce jour sans lendemain, et dissiper
son orageuse agonie en émotions turbulentes. Elle assiste sans le
savoir au festin de Balthasar. Le bruit qu'elle fait aujourd'hui ne
troublera pas long-temps désormais le silence de la création. L'espace qu'elle avait à parcourir dans le temps n'est pas infini comme
son orgueil, et cette ardeur imprévoyante avec laquelle elle se pré-
cipite vers un but inconnu n'est autre chose que l'effet irrésis-
tible de la pente qui l'entraîne à sa fin. La nature produira d'autres espèces sans doute ; mais elle n'en conserve point éternellement.
L'éternité n'appartient qu'à la nature elle-même.

Il y a loin de ces considérations austères aux douces et brillantes
palingénésies des optimistes, qui rêvent avec candeur un nouvel âge
d'or pour la décrépitude des nations, et je conviens qu'aux yeux
des hommes, une vérité triste n'aura jamais l'attrait d'un beau mensonge : aussi n'ai-je pas conçu le vain espoir d'être écouté, et de
faire passer dans l'esprit des autres une conviction d'ailleurs inutile. J'obéis, en écrivant, à une impulsion plus forte que le désir de
plaire ou la prétention d'instruire, à l'ascendant d'un cœur pro-
fondément détrompé qui goûte une amère joie en dépouillant ses
dernières chimères, comme un vêtement de fête mal séant pour le
tombeau, mais qui se ferait scrupule d'en disputer une seule à l'es-
pérance des ames naïves que le temps n'a pas encore désabusées du
bonheur d'espérer. Je me suis trompé si souvent sur la foi du sen-
timent que je puis bien me tromper une fois sur celle de la raison.
Les erreurs spéculatives n'entraînent pas du moins les consé-
quences funestes qui suivent les erreurs pratiques, surtout quand
elles ne se recommandent ni par l'autorité d'un nom ni par l'in-

fluence d'un talent. Quant à vous, mon cher Ballanche, qui faites rendre sans efforts les oracles de la philosophie aux cordes de la lyre comme les législateurs-poètes du monde naissant, ne vous réveillez pas de long-temps de cette illusion sublime et consolante que je voudrais embrasser encore quand je vous entends. Et qui pourrait vous entendre sans concevoir votre méprise et sans la partager? Que dis-je? Est-elle bien la vôtre, plutôt que celle du ciel, qui ne plaça pas en vous sans dessein la prévision inspirée d'une civilisation complète, avec la sagesse qui enseigne et l'éloquence qui persuade, mais qui se trompa sur l'époque où vous deviez naître pour l'instruction et le bonheur du genre humain? Votre mission vous appelait à son berceau, et forcé à la remplir par une nécessité dont le secret vous échappe à vous-même, ce n'est pas à vous qu'il faut s'en prendre, si vous n'arrivez qu'à son convoi. Parlez cependant sur les bords de cet abîme où tous les peuples vont descendre, parlez au moins pour leur apprendre ce qu'ils ont perdu. Le formidable jugement qui pèse sur notre race avait peut-être besoin de cette révélation pour être entièrement accompli, et peut-être manquait-il à sa rigueur que la dernière famille humaine fût condamnée à voir se rouvrir un moment le séjour de délices qui s'était fermé sur la première. Ne vous étonnez pas toutefois si vos magnifiques paroles trouvent parmi les hommes civilisés de ce siècle de lumières, si vain de ses progrès et de ses découvertes, un auditoire plus insensible cent fois que les marbres d'Amphion, et cent fois plus farouche que les tigres d'Orphée. C'est un mystère plus facile à pénétrer que l'énigme puérile de ce monstre de Thèbes dont vous avez créé avec tant de puissance l'idéalité poétique. —Ils vont mourir, et l'intelligence de l'ame les a déjà quittés.

Je ne me dissimule pas, au reste, combien l'opinion que j'ai entrepris de soutenir aujourd'hui présenterait de difficultés à un raisonneur plus habile, dans l'état de philautie ingénue et de prévention complaisante pour ses doctrines et pour ses œuvres, où la société actuelle se délasse de ses souffrances matérielles. La perfectibilité n'est plus une théorie abandonnée à la discussion comme le reste des systèmes; c'est un fait philosophique auquel il manque à peine quelque vernis de mysticité pour être converti en dogme. On ne la démontre plus, on la professe; et un des talens les plus purs, les plus élevés, les plus consciencieux de notre nouvelle école, lui prête en Sorbonne la triple autorité de sa raison, de son savoir et de sa bonne foi. Un jeune professeur y cherche la vérité, dans l'intérêt de notre amélioration sociale, et il la trouverait sans doute si la vérité devait jamais se rendre aux vœux d'un cœur droit, ou se laisser captiver à l'attrait d'un élégant et noble langage. Malheureusement le sage par excellence a reconnu il y a trois mille ans que toutes nos sciences n'étaient que vanité; et si ce n'est pas là tout ce qu'il nous est permis de savoir de la vérité, il se pourrait bien qu'il n'y en eût point. Ce qu'il y a de certain, c'est que la philosophie ne lui a pas arraché un voile depuis, et que les esprits réfléchis qui ne se contentent que d'évidence ne paraissent pas fort disposés à appeler de l'arrêt de Salomon.

Une proposition de M. Théodore Jouffroy que mon hypothèse ne saurait admettre (et je renoncerai volontiers à mon hypothèse, je le déclare, aussitôt que la vérité sera trouvée), c'est que le christianisme ne sera suivi d'aucune autre religion. Comme je ne prévois pas que la vérité, qui est encore un peu confuse, doive être mise très-incessamment à l'usage des populations, et que, d'un autre côté, il y a, selon moi, dans le christianisme trop d'élémens de vie, de grandeur et de liberté pour qu'on puisse supposer qu'il reste à la portée de l'homme tombé au dernier degré de l'avilissement et de la misère, je conjecture qu'il en sera autrement. Les religions, révélées ou non, deviennent toujours plus ou moins l'expression de la société qui les a faites successivement et qui les modifie sans cesse. Le culte de la raison était l'expression fort exacte de notre démocratie extravagante et féroce : la révolution parvenue à la crise de la terreur est là-dedans tout entière, avec l'orgueil de la sagesse, les saturnales de la démence, la prostitution et le sang. Ce culte dura peu de temps, le temps que dura le paroxysme qui l'avait produit. L'autel et l'échafaud s'écroulèrent le même jour, et se releveraient ensemble. Voilà une religion qui se trouvera au besoin, et qui palpite peut-être déjà dans quelque évan-

16.

gile de mort. Si, comme je l'espère pourtant, il n'y a plus assez de brutale énergie dans les passions de l'époque pour arriver une seconde fois à ce résultat, le froid matérialisme, l'athéisme moral et la personnalité avare des dernières sociétés n'iraient pas chercher bien loin une autre foi et d'autres symboles. En opérant sur le *saint-simonisme* à la manière de la réforme, c'est-à-dire en retranchant soigneusement de ses pompes et de ses doctrines ce qu'une tradition mal effacée de philosophie chrétienne et de tendresse humaine y a laissé pour l'intelligence et pour le cœur, cette religion me paraît merveilleusement appropriée aux besoins d'une espèce impatiente d'abdiquer de faibles restes de spiritualisme, pour franchir l'espace étroit qui la sépare encore de la matière brute, et prendre possession de son néant. *A chacun suivant sa capacité, à chaque capacité suivant ses œuvres.* Au monde que la perfectibilité, la civilisation et le temps nous ont fait, Saint-Simon pour dieu. Il est logiquement impossible de se soustraire à cette conséquence. Je crois donc en Saint-Simon, dieu du dix-neuvième siècle, et j'y croirai fermement, tant qu'un autre dieu de la même nature ne viendra pas simplifier la question sociale et la réduire à ses derniers termes. Il ne faut décourager personne.

Ch. Nodier.

9 782019 910464